AF284622

Selbstbewusstsein stärken & aufbauen

Wie Sie Schritt für Schritt Ihr Selbstwertgefühl, Selbstbewusstsein und Selbstbild verbessern für mehr Glück und Erfolg in Beruf und Alltag – inkl. effektiver Affirmationen

Nadine Engelmann

Alle Ratschläge in diesem Buch sorgfältig erwogen und geprüft. Eine Garantie kann dennoch nicht übernommen werden. Eine Haftung des Autors beziehungsweise des Verlags für jegliche Personen-, Sach- und Vermögensschäden ist daher ausgeschlossen.

Alle Rechte, insbesondere das Recht der Vervielfältigung und Verbreitung der Übersetzung, vorbehalten. Kein Teil des Werkes darf in irgendeiner Form (durch Fotokopie, Mikrofilm oder ein anderes Verfahren) ohne schriftliche Genehmigung des Verlages reproduziert oder unter Verwendung elektronischer Systeme gespeichert, verarbeitet, vervielfältigt oder verbreitet werden.

INHALT

Das erwartet Sie in diesem Buch 1

Grundlagenwissen für ein stabiles Selbstbewusstsein
.... 3

Selbstanalyse I – Selbstakzeptanz als erster
Schritt 3

Selbstanalyse II – Wie gehe ich mit Fehlern um .. 6

Selbstanalyse III – Das Unterbewusstsein
verstehen und umprogrammieren 9

Ein gesundes Körperbewusstsein entwickeln 12

Körperbewusstsein mithilfe von Übung stärken 15

Ihr Körper repräsentiert die Spezies, der Sie
angehören 18

Bringen Sie Ihren Körper in Bewegung 19

Gesichtsyoga 19

Sport treiben 20

Eine Therapie beginnen 22

Ein überkritisches Selbst ist auch überkritisch mit
anderen 22

Ein Übungsvorschlag, um den inneren Kritiker in
Zaum zu halten 25

Selbstwirksamkeit – Fundament eines guten
Selbstbewusstseins 26

Kein Meister ist je vom Himmel gefallen – Klein anfangen mit großer Wirkung.............30

Selbstbewusstsein im beruflichen Bereich – Das Selbst und die Profession.............32

Berufliche Zufriedenheit erzeugt Selbstvertrauen 35

Ein starker Auftritt – Inszeniertes Selbstbewusstsein.............36

Sich selbst hochziehen.............38

Selbstsicherheit durch Selbstvergessenheit......38

Übung macht den Meister.............39

Selbstvertrauen durch Authentizität – Der selbstbewusste Introvertierte 40

Der nicht selbstbewusste Introvertierte.............43

Selbstvertrauen durch Authentizität – Der selbstbewusste Extrovertierte 48

Erzwungene Positivität kann zur Falle werden..53

Extro vs. Intro – Mehr Selbstbewusstsein für beide Parteien.............57

Selbstbewusstsein – Der Weg mit sich ist das Ziel zum Selbst.............62

Zusatzteil: Affirmationen für jede Situation – Zusammenfassung und Bemerkungen 67

Affirmationen für Selbstvertrauen.............69

Affirmationen für Beruf, Finanzielles und Erfolg
....71

Affirmationen für Gesundheit, Abnehmen und
Sport 72

Das erwartet Sie in diesem Buch

Selbstvertrauen und Selbstwertgefühl – diese beiden Worte scheinen in der heutigen Zeit der Schlüssel für ein angst- und sorgenfreies Leben zu sein. Erfolgreiche Menschen schwören auf das Selbstbewusstsein als einzigartiges Mittel, trotz widriger Umstände seinen persönlichen Lebenstraum in die Erfüllung zu bringen.

Selbstbewusste Menschen werden als attraktiv und wohlhabend dargestellt, ungeachtet der Tatsache, dass die meisten Menschen eher einen geringen Selbstwert verspüren, unter ihrer Introvertiertheit leiden und sich verzweifelt fragen, wie sie es schaffen, die Magie des Selbstbewusstseins auch in ihrem Leben wirken lassen zu können.

Sie fragen sich das auch? Deswegen soll es in diesem Buch um Sie gehen. Es soll darum gehen, wie Sie es schaffen können, mithilfe Ihres Verständnisses über sich selbst und einfacher Übungen, die sich auch im stressigsten Alltag einfach unterbringen lassen, ein selbstbewussteres Auftreten zu gewinnen. Zu jedem Kapitel gibt es einen Praxisteil, in dem das Gelesene praktisch und simpel angewendet werden kann.

Denn Introvertiertheit steht Selbstbewusstsein und Selbstwert keineswegs im Wege sowie ein aus subjektiver Sicht „schlechtes Aussehen". Selbstwert und Selbstbewusstsein strahlt aus Ihrer inneren Überzeugung, wieder als Individuum in die Welt zu gehören und Ihren Visionen einen wichtigen Stellenwert einzuräumen.

Grundlagenwissen für ein stabiles Selbstbewusstsein

SELBSTANALYSE I – SELBSTAKZEPTANZ ALS ERSTER SCHRITT

Die Frage „Wer bin ich?" ist für viele Menschen nicht einfach zu beantworten. Sie spüren Unsicherheit und Ohnmachtsgefühle in ihrem Alltag, schauen sich aber selbst zu wenig an, um die Ursache solcher Empfindungen ausfindig machen zu können. Die Frage nach dem „Warum" ist grundlegend wichtig, um zu lösen, was sich dort im Brustbereich unangenehm zusammenzieht, wenn Sie in einer

Situation sind, in der ein selbstbewusstes Auftreten dringend vonnöten wäre. Sei es eine Präsentation, ein Verkaufsgespräch oder der Versuch, einen anderen Menschen für sich zu gewinnen.

Stellt man sich das Selbst an sich in verschiedenen, aufeinander aufbauenden Schichten vor, steht „Selbstakzeptanz" ganz unten. Ein Stützpfeiler, auf dem sich das Selbstbewusstsein und der daraus resultierende Selbstwert ganz leicht aufbauen kann. Daher ist es sehr wichtig, dass Sie einmal ganz genau Ihre negativen Glaubenssätze unter die Lupe nehmen. Es mag sehr hart sein, sich seine Schwächen anzusehen, aber ich möchte Sie ermutigen, diesen Schritt zu machen. Was stört Sie an Ihrer Persönlichkeit am meisten? Was denken Sie, verurteilen Menschen am meisten an Ihnen? Würden Sie anders auftreten, wenn Sie wüssten, dass Ihr Gegenüber keine Bewertungen an Ihnen vornimmt?

Es soll Sie nicht wundern, dass Sie erst Ihre negativen Glaubenssätze betrachten, anstatt sofort zu den guten zu kommen, denn um seine Gedankenpfade neu zu programmieren, ist es wichtig, das alte Programm sorgsam auszulesen. Denn nur so können Sie erfahren, welche Bereiche eines Selbstbewusstseins Ihnen am meisten zu schaffen machen. Sei es Ihr Äußeres, seien es Ihre wirtschaftlichen Verhältnisse oder anderweitige Gründe, die Ihrem Selbstwertgefühl im Wege stehen. Vorschläge für Fragen, die Sie sich stellen könnten:

War ich als Kind selbstbewusst? Und wenn ja, warum? (Wenn nein, warum?)

Gab es ein bestimmtes Ereignis, nach dem ich nicht mehr selbstbewusst war?

Machen Freunde oder Familie unangebrachte Bemerkungen über Körper oder Lebensentscheidungen von mir?

Was empfinde ich als die schwierigste Eigenschaft von mir?

Leide ich unter dem Drang, perfekt zu sein?

Was bewundere ich an anderen?

Warum bin ich der Meinung, die bewunderten Eigenschaften selbst nicht besitzen zu können?

Warum bin ich der Meinung nicht liebenswert oder schön zu sein?

Das Ziel dieser Fragen ist es, herauszufinden, wo genau Ihr Selbstbewusstsein ein wenig schwächelt. Auf diese Weise könnten Sie eine Prioritätenliste erstellen, nach der Sie die Bereiche angehen, die Ihnen wichtig sind.

SELBSTANALYSE II – WIE GEHE ICH MIT FEHLERN UM

Wenn Ihnen ein Missgeschick passiert, fühlen Sie große Wut auf sich selbst und sehen sich als Versager. Obwohl doch jedem Mal ein Missgeschick geschieht, schelten Sie sich dafür aus und entwerten die Mühe der vielleicht vorangegangenen guten Arbeit. „Ich blöder Dummkopf!", zeichnet das Unterbewusstsein als ein neutraler Zuhörer auf. Ob es eine vergessene Rechnung ist, ein Missverständnis im sozialen Bereich oder ein Tadel auf beruflicher Ebene. Solche selbstverletzenden Worte sind ein nur zu leichter Konnektor für weiterführende negative Glaubenssätze, die sich tief in Ihrem Wesen verankern können.

Wie kann man diesen Effekt beheben, wenn einem Missgeschicke doch immer wieder passieren? Indem Sie so auf Ihren Fehler reagieren, wie man vielleicht bei einem guten Freund reagieren würde. Sagen Sie sich selbst: „Ja, ich habe soeben einen Fehler gemacht, aber so bin ich an manchen Tagen einfach", oder „Ich verzeihe mir diesen Fehler und arbeite daran, ihn nicht zu wiederholen".

Üben Sie Verständnis mit Ihrer Person. Seien Sie nicht nachtragend, halten Sie es sich nicht ständig vor.

Fragen Sie sich: „Ist das ein nützlicher Gedanke?" „Motiviert dieser Gedanke mich dazu, mein Leben zu verbessern? Oder reißt er mich in eine hoffnungslose Position?" Denn das Unterbewusstsein funktioniert in zwei Richtungen.

Positive Glaubenssätze werden nämlich ebenso gespeichert und wiedergegeben. Je freundlicher die Gedanken sind, die Sie sich selbst widmen, desto mehr wird die Standfestigkeit eines guten Selbstbewusstseins in Ihnen wachsen, auch wenn Sie immer noch ein wenig unsicher sein sollten. Geben Sie sich Zeit und haben Sie Geduld mit sich selbst. Sie sehen, ein starkes Selbstbewusstsein setzt auch eine starke Beziehung mit seiner eigenen Person voraus. Machen Sie sich bewusst, dass tatsächlich jedes Wort zählt, und korrigieren Sie negative Glaubenssätze in der Minute, in der sie aufkommen. „Ich bin zwar kein Gitarrenprofi, aber ich bin stolz auf das, was ich bisher erlernen durfte", anstatt „Ich werde dieses Mistding niemals beherrschen!". „Ich habe zwar keine langen Haare wie sie, aber dafür sind meine kräftig und gesund.", anstatt „Ich werde nie so schöne Haare haben wie sie!" So könnten Sie die Liste beliebig fortführen. Schreiben Sie alle negativen Glaubenssätze auf einen Zettel und übersetzen Sie diese in eine freundliche und wohlwollende

Formulierung, die durchaus ein Problem adressieren darf, aber nicht Ihren Selbstwert als solches angreift. Denn Selbstakzeptanz bedeutet auch zu akzeptieren, dass man als Mensch immer imperfekt bleibt.

Es bedeutet aber auch, deutlich zu sehen, dass jedes Individuum im Umkehrschluss auch Stärken hat. Sie können Dinge, die Ihnen so leicht niemand nachmacht. Ihre Wünsche haben, trotz persönlich empfundener Mängel, einen wichtigen Stellenwert in Ihrem Leben. Lernen Sie Ihre neu formulierten Glaubenssätze wie Vokabeln, nur dass Sie im Gegensatz zu richtigen Vokabeln die ursprünglichen Übersetzungen getrost vergessen können.

Es kann helfen, ein Plakat oder Büchlein als Visualisierungshilfe zu gestalten. Nehmen Sie sich Zeit, Ihre Gedanken umzugestalten. Sie bestimmen jetzt über Ihr Selbst und lassen es nicht mehr in jede Richtung springen. Das Selbst ist der Kern Ihres Seins. Deswegen darf es Ihnen auf keinen Fall schaden.

SELBSTANALYSE III – DAS UNTERBEWUSSTSEIN VERSTEHEN UND UMPROGRAMMIEREN

Wenn wir über das Selbstbewusstsein nachdenken, drängt sich nicht nur das „Selbst" ins Bild, sondern auch das Wort „Bewusstsein". Bewusstsein als solches ist ein Denkprozess, in dem sich der Denkende von außen betrachtet und seinen Wert anhand von Gesellschafts- und Sozialisationsfaktoren beurteilt. Dieser Denkprozess formuliert sich in der Frage: Was bin ich? Das Bewusstsein unterteilt sich in zwei Kategorien: das aktive Bewusstsein und das Unterbewusstsein. Dieses läuft wie ein Rekorder im Hintergrund aller aktiven Denkprozesse.

Es steuert 90 Prozent von allem, was wir täglich tun und denken. Es nimmt 80.000 Informationen in der Sekunde auf. Es nimmt dadurch sogar mehr wahr als das Bewusstsein. Alle Erlebnisse eines Menschen sind darin abgespeichert. Sogar Erlebnisse aus der Zeit vor unserer Geburt, als wir noch im Bauch der Mutter waren. Außerdem reguliert das Unterbewusstsein lebensnotwendige Funktionen wie unsere Atmung oder simple Aktivitäten wie Fahrradfahren.

Das Unterbewusstsein ist ein neutraler Rekorder, der alles, was er wahrnimmt, speichert und wiedergibt. Daher spielt es auch eine entscheidende Rolle, wenn es um das Stärken des Selbstbewusstseins geht. Denn negative Glaubenssätze wie zum Beispiel „Ich kann nichts besonders gut", „Ich bin nicht schön" werden vom Unterbewusstsein aufgezeichnet und dann, metaphorisch gesprochen, als leise Musik permanent wiedergegeben. Diese Musik ist dann der Soundtrack Ihres Lebens. Und Sie werden weiterhin in dem Gefühl baden, nicht das erreichen zu können, was Sie wollen, da Sie Ihr Innerstes davon überzeugt haben, minderwertig zu sein. Deswegen ist das laute Sprechen von positiven Affirmationen erst mal so, als ob man sich selbst ein wenig anlügt.

Die Stimme des Unterbewusstseins ist über die Jahre unbemerkt zu einem persönlichen Feind herangewachsen, der jeden Versuch, einen positiven Gedanken zu sähen, im Keim erstickt. Aber so, wie wir uns selbst dazu manipuliert haben, einen geringen Selbstwert zu spüren, müssen wir uns so manipulieren, wieder positiv zu denken. Hierbei handelt es sich bei dem Wort „Manipulation" um einen negativ geprägten Begriff. Ersetzen Sie es durch das Wort: „Richtigstellung". Übrigens ist Ihr Selbstvertrauen nicht gleich verschwunden, weil Sie mal einen „schlechten Tag" hatten, eine Negativkonditionierung entsteht erst bei andauernder und täglicher Degradierung durch einen selbst oder andere.

Ein gesundes Körperbewusstsein entwickeln

Das Aussehen spielt schon seit der Steinzeit eine grundlegende Rolle in unserer Wahrnehmung der Welt. Als visuelle Wesen benötigen wir die äußere Konstitution eines Menschen, um zum Beispiel seinen Gesundheitszustand einzuschätzen. Visualität schützte den Menschen davor, Verdorbenes zu essen und von Feinden umgebracht zu werden. Heutzutage jedoch ist das Aussehen vor allem im menschlichen Miteinander von einem absurd wirkenden hohen Wert, vor allem in der Medien- und Werbelandschaft. Daher muss dem Thema des „Körperbewusstseins" ein eigenes Kapitel gewidmet werden. Der Begriff „Körperbewusstsein" kumuliert den Vorgang, die individuellen Besonderheit seines Körpers wahrzunehmen und diese von nun an in seine Überlegungen einzubeziehen.

In diesen Überlegungen vergleichen Sie sich mit den vorherrschenden Schönheitsidealen Ihrer Zeit und bemerken Ihre Unterschiede. Diese Unterschiede machen Sie unsicher und es macht Sie traurig, die angepriesenen Menschenmodelle in Film und Fernsehen zu betrachten und sich selbst vielleicht als durchschnittlich oder gar unattraktiv zu bezeichnen. Social-Media-Plattformen bewerben ein unverhältnismäßiges, westlich orientiertes Schönheitsideal. Mithilfe digitaler Veränderung wirkt dieses Ideal noch unerreichbarer für den sogenannten „Durchschnittsmenschen". Dieses führt dazu, dass wir vergessen, wie viele verschiedene Ausprägungen und Formen ein menschlicher Körper haben kann. Vor allem Frauen leiden laut einer Studie des Social Issues Research Centers häufiger als Männer unter einem geringen Selbstwert bezüglich ihres Äußeren. Die weltweit durchgeführte Studie „Dove Global Beauty and Confidence Report 2016" besagt, dass 34 % Frauen ein ausbalanciertes Körperselbstbewusstsein haben, rare 4 % der Frauen gaben an, sich als schön zu bezeichnen, und ganze 72 % der Frauen bezeichneten sich selbst als unattraktiv. Die Studie fand des Weiteren heraus, dass neun von zehn Frauen mit einem geringen Selbstbewusstsein weniger soziale Kontakte suchten und nicht an wichtigen Ereignissen mit Freunden und Familie teilnahmen.

Aus der Scham über das Äußere resultieren Depressionen und Essstörungen. Und da die Unsicherheit über den eigenen Körper in der heutigen Zeit mehr als präsent ist, erwägen nicht wenige Menschen eine Schönheitsoperation. Im Jahr 2019 wurden rund 25 Millionen chirurgische und nicht-chirurgische Schönheitseingriffe durchgeführt. Die Fettabsaugung war mit rund 1,57 Millionen Eingriffen der beliebteste. Es kann erst mal das Selbstbewusstsein pushen, für sein eigenes Ideal, das angeblich „Abnormale, Störende" an sich radikal entfernen zu lassen. Jedoch steht dieses „Selbstbewusstsein" auf wackligen Beinen, da Sie vielleicht nach einiger Zeit etwas neues „Absonderliches" an sich entdecken. Dies kann im schlimmsten Fall in einem toxischen Kreislauf münden, in dem Sie Ihre Gesundheit riskieren und in eine psychische Abhängigkeit zu operativen Eingriffen geraten. Sich selbst schön zu finden, ist keine Sache, die man eines Tages beschließt und dann für den Rest des Lebens annimmt. Es erfordert tägliches Training und eine gewisse Willenskraft, seine fest getrampelten Pfade zu verlassen und neues Gedankengut bleibend zu manifestieren.

KÖRPERBEWUSSTSEIN MITHILFE VON ÜBUNG STÄRKEN

Sie stehen vor dem Spiegel und finden Ihren Körper einfach furchtbar. Egal, wie lange Sie sich anschauen, Ihnen ist dabei gar nicht wohl zumute. Nun denn, vielleicht können Sie die Form Ihres Körpers im Moment nicht positiv beeinflussen, aber durchaus die Beziehung zu ihm. Denn Ihr Körper hat so viel mehr zu bieten, als nur ein kleidsamer optischer Aspekt Ihres Lebens zu sein. Er ist mobil, er verdaut Ihre Nahrung, er steuert und kontrolliert jeden Tag gewaltige Denkprozesse, während er noch nebenbei Ihre Organe unermüdlich versorgt und am Leben erhält.

Ihr Körper nimmt jede von Ihnen durchwachte Nacht auf sich. Die schöne Feier, der anstrengende Tag auf Arbeit, das tolle Essen letzte Woche – das alles können Sie dank Ihres Körpers mit allen Sinnen erfahren. Sehen Sie sich Ihren Körper mit den Augen eines wohlmeinenden Freundes an und danken Sie ihm, dass er Sie durch alle guten und schlechten Momente Ihres Lebens getragen hat. Es ist Ihr Körper und damit das Einzige, was Sie ultimativ und mit Gewissheit besitzen. Lassen Sie alles Negative beiseite und unterstützen Sie Ihren Körper mit freundlichen Worten.

Stellen Sie sich ihn als einen trauernden Freund vor, dessen Selbstbewusstsein durch langjähriges Kritiküben verschwunden ist. Was würden Sie diesem Freund sagen, um ihn aufzubauen? Bestimmt nicht all die negativen Kommentare, die Sie sich selbst tagein und tagaus vorbeten.

Sie würden Ihrem Körper vielleicht sagen:

> „All die Jahre bist du an meiner Seite. Ich kenne keinen, der loyaler zu mir hält als du."
>
> „Danke, dass du mich durch die Situation ‚X' gebracht hast."
>
> „Ich bin froh, dich zu haben, denn ohne Körper könnte ich nicht sein."
>
> „Dafür, dass diese Beine schon so viel gerannt sind, funktionieren Sie immer noch ganz wunderbar."

Diese Affirmationen mögen auf den ersten Blick albern wirken und laut ausgesprochen erst mal ein schales

Gefühl erzeugen. Wie in den Kapiteln „Selbstanalyse I /II" beschrieben, sind Geduld und Verständnis mit sich der erste goldene Schlüssel zu einem Leben mit mehr Selbstbewusstsein. Vielleicht schaffen Sie es nicht, gleich am ersten Tag ein einstündiges Gespräch mit Ihrem Körper zu führen. Doch wenn Sie sich zum Beispiel vornehmen, jeden Tag drei positive Affirmationen über Ihren Körper zu machen, werden Sie im Verlauf der Zeit immer mehr bemerken, wie Ihr Gefühl mit Ihren Worten harmoniert. Wenn Sie sehr motiviert sind, können Sie Ihre positiven Glaubenssätze auch aufschreiben und zum Beispiel an Ihren Spiegel kleben.

Eine weitere Übung, die Sie auch im Stillen machen können, ist, sich zuerst in einen sicheren Stand zu stellen. Schließen Sie die Augen und fühlen Sie in sich hinein. Wie fühlen Sie sich in Ihrem Körper von innen heraus?

Und wenn Sie dabei alle negativen Gedanken beiseiteschieben, welches Bild entsteht vor Ihrem inneren Auge?

IHR KÖRPER REPRÄSENTIERT DIE SPEZIES, DER SIE ANGEHÖREN

Stellen Sie sich einmal folgendes Szenario vor: Ein Außerirdischer schaut von Menschen gemachtes Fernsehen. Er könnte sehr leicht zu dem Schluss kommen, dass alle Menschen gleich aussehen. Groß, dünn, ein sehr flacher Körper und makellos glatte Haut. Sie würden uns vielleicht für Roboter halten, die alle in derselben Fabrik hergestellt werden. Vielleicht haben auch Sie die Welt so wahrgenommen. Geleitet von den „perfekten" Menschen auf den Werbeplakaten, sind Ihnen womöglich all die verschiedenen Menschen mit den verschiedenen Körperformen entgangen.

Menschen, denen Sie tagtäglich auf dem Weg zur Arbeit oder beim Gang zum Bäcker begegnen: Diese repräsentieren in Wirklichkeit den größten Anteil der Menschheit, denn nur eine kleine Minderheit entspricht dem „perfekten" Schönheitsanspruch der standardisierten Medien. Genau das ist der Grund, weshalb dieses System funktioniert, denn die Werbung fusioniert unerreichbare Ideale mit dem Bedürfnis nach einem Produkt. Dieses Produkt verspricht Ihnen, diesem Ideal ein wenig näherzukommen. Hierbei geht es weniger um Ihr Wohlempfinden, sondern eher um

„Grüne Zahlen". Wenden Sie also den Blick von den Modemagazinen und Werbetafeln ab und entdecken Sie die Welt der Menschen um Sie herum. Schauen Sie sich den netten Herren mit dem Bäuchlein an, der seinen Körper verwendet, um friedlich die Sonne zu genießen. Schauen Sie sich die Mutter an, wie sie ihren Körper verwendet, um mit ihren Kindern auf dem Spielplatz zu toben, die Spielgeräte heraufzuklettern und im Sand zu buddeln. Machen Sie sich immer bewusst, dass Ihr Körper schon allein deswegen schön ist, weil er seinen Zweck erfüllt. Sie sind ein Mensch aus Fleisch und Blut und kein abstrakt kreiertes Bild aus einem Computer. Indem Sie das Konsumieren dieser Bilder reduzieren oder sogar ganz davon Abstand nehmen, justieren Sie quasi Ihr Werte- und Normsystem für die Beurteilung Ihres oder anderer Körper.

BRINGEN SIE IHREN KÖRPER IN BEWEGUNG

Gesichtsyoga

Diese Bewegungen sind nicht zwingend sportlicher Natur. Eine lebendige Mimik und Gestik strahlt sehr viel Selbstvertrauen aus. Menschen, die viel lächeln, sind oft Sympathieträger und werden als freundlich wahrgenommen. Natürlich darf man es nicht übertreiben, denn gekünsteltes Lachen erzeugt wieder gegenteilige Gefühle beim Gesprächspartner. Falls Ihnen das Lächeln in sozialen Situationen eher schwerfällt, hier eine kleine Praxisübung:

Nehmen Sie einen Bleistift zur Hand und stecken Sie sich ihn zwischen Ihre Zähne. Achten Sie darauf, dass weder die Zunge noch Ihre Lippen den Stift berühren dürfen. Halten Sie den Stift für 60 Sekunden. Dadurch trainieren Sie Ihre Gesichtsmuskeln, was ein spontanes Lächeln im Alltag erleichtert. Wiederholen Sie die Übung täglich, damit ein bleibender Effekt erzielt werden kann.

Sport treiben

Natürlich muss auch der sportliche Aspekt eines guten Körperbewusstseins behandelt werden. Nicht nur, um Ihren Körper in eine bestimmte Form zu bringen. Ernsthafte Selbstwertprobleme können auch mit Depressionen einhergehen.

Diese Depressionen können Sie daran hindern, Ihr Selbstvertrauen zurückzugewinnen. Sie sind der Auslöser für Schlafprobleme und Antriebslosigkeit. Antidepressive Effekte durch Sport werden von Ärzten weltweit als effizientes Mittel betrachtet, um einem traurigen Gemütszustand und geringem Selbstvertrauen entgegenzuwirken. Eine groß angelegte Studie der Medical School Hamburg (MSH) fand heraus, dass Sport so ähnlich auf dem Körper wirkt wie ein Antidepressivum. Die Bewegung lässt den Serotoninspiegel steigen und somit ist der sportliche Mensch auch ein wenig glücklicher. Das bedeutet aber nicht, dass Sie ab heute jeden Tag Sport machen müssen. Ein guter Weg, Sport in Ihren Lebensalltag zu integrieren, ist, das Lauftempo erhöhen. Ein Körper in sportlicher Konstitution schüttet Serotonin aus, das wiederum Ihr Gemüt erhellt und Ihrem Gang Dynamik verleiht. Laufen Sie von nun an ungefähr 25 % schneller als normal, verwenden Sie stets Treppen, anstatt die Rolltreppe oder Fahrstuhl zu verwenden.

So fällt der Schritt zum ersten richtigen Fitness-Training irgendwann leichter. Sport erhöht das Selbstwirksamkeitsgefühl, da Sie sich trotz regelmäßiger Schwierigkeiten trotzdem dazu überwinden. Es ist eine vergleichsweise leichte Übung, jeden Abend fünf Kniebeugen zu machen, um danach den Rausch des Erfolges genießen zu können.

EINE THERAPIE BEGINNEN

In einigen Fällen hält die permanente Selbstdegradierung so lange an, bis es der Betreffende nicht mehr schafft, sich allein hochzuziehen. Wenn die Trauer über Ihr Selbst sehr stark ist, akzeptieren Sie auch, dass es ohne professionelle Hilfe nicht möglich sein kann, Ihr Selbstvertrauen aufzubauen. Ein ausgebildeter Therapeut oder Psychologe kann eingehend alle belastenden oder prägenden Momente mit Ihnen durchgehen. Auch das ist ein Weg, dem man sich erst einmal stellen muss. Und auch hier ist wieder die Selbstwirksamkeit zu unterstreichen.

Denn, wenn Sie Hilfe benötigen und diese erfolgreich in Ihrem Leben installieren, werden Sie auch hier ein Wachstum Ihres Selbstwertes feststellen.

EIN ÜBERKRITISCHES SELBST IST AUCH ÜBERKRITISCH MIT ANDEREN

Menschen, die die Neigung haben, sich selbst sehr kritisch zu betrachten, sind oftmals kritisch bei der Beurteilung anderer. Erwischen Sie sich öfter dabei, dass Sie andere für Ihr Selbstvertrauen in Kleidung oder

Stilfragen verurteilen? Denn wenn wir jemanden sehen, der zu dem stehen kann, wofür wir uns schämen, kann das der buchstäbliche Finger in der Wunde sein.

Man könnte versucht sein, einen abschätzigen Blick zu riskieren, doch hier spricht nur ein verletztes Selbstbewusstsein, das alles möchte, aber noch keiner Heilung unterzogen worden ist, denn die Menschen sind so individuell, wie sie komplex sind. Machen Sie sich bewusst, dass ein Großteil der Menschen relativ oft Selbstwertprobleme hat. Der Mensch, der Ihrer Verurteilung nicht standhalten kann, ist vermutlich auch nicht sehr selbstbewusst und macht wie Sie gerade die ersten Schritte in ein gesundes Selbstwertgefühl. Und hier kommen wieder Ihre gesammelten positiven Affirmationen ins Spiel: Der freundliche und verständnisvolle Ton mit Ihnen selbst überträgt sich auch auf andere. Sie werden besser in der Lage sein, andere aufrichtig zu loben. Sie werden die positiven Eigenschaften eines Menschen wieder in den Vordergrund gerückt sehen und weniger auf die schlechten Attribute fokussiert sein.

Diese Eigenschaft kann zum Beispiel auch eine Partnerschaft entlasten, indem man seinen Partner weniger bemängelt, die positiven Eigenschaften wieder ins rechte Licht rückt und dadurch wieder ein stärkeres

Beziehungserleben genießt. Selbstbewusstsein beruht im Gegensatz zum Selbstwert nicht ausschließlich auf der eigenen Beurteilung. Selbstbewusstsein entsteht auch, wenn wir im sozialen Miteinander aufeinandertreffen. Jemand, der wohlwollend, hilfsbereit und mental stark ist, genießt innerhalb seines sozialen Zirkels hohes Ansehen. Man fühlt sich wohl mit ihm, da er seine Mängel nicht auf andere projiziert. Man weiß um die Ehrlichkeit seines Lobes und somit ist ein selbstbewusster Mensch ein Zugewinn für jeden Freundeskreis. Ein Lob im Vorbeigehen kann den Selbstwert eines anderen stärken; vielleicht nimmt er Ihre Anregung und verteilt selbst ein Lob.

Und seien Sie sicher, dass es nicht lange dauern wird, bis auch Ihnen der Ball wieder zugespielt wird und Sie ein Kompliment erhalten, das Ihr Selbstvertrauen stärkt, denn „man erntet ja bekanntlich, was man sät."

EIN ÜBUNGSVORSCHLAG, UM DEN INNEREN KRITIKER IN ZAUM ZU HALTEN

Eine interessante Übung, um sich dem inneren Kritiker zu stellen: Nehmen Sie ein Armband zur Hand und markieren Sie es auf parallelen Seiten. Sie können dazu Schnüre aller Art, Washi-Tape, wasserfeste Lackstifte oder Perlen verwenden. Achten Sie darauf, dass beide Markierungen sich für Sie deutlich unterscheiden. Tragen Sie das Armband auf Ihren täglichen Wegen.

Jedes Mal, wenn Sie sich innerlich kritisieren, drehen Sie das Armband, sodass die andere Markierung auf Ihrem Handgelenksrücken sichtbar wird. Die Übung besteht nun darin, das Armband zunächst für einen Tag ungewendet zu lassen, also sich einen Tag lang nicht selbst zu kritisieren. Im nächsten Schritt lassen Sie das Armband eine Woche ungewendet und dann einen Monat usw. Jedes Mal, wenn Sie sich dennoch kritisieren, müssen Sie das Armband wieder wenden und eine positive Affirmation sprechen, damit Sie wieder von vorn beginnen können. Vielleicht betrachten Sie eines Tages dieses Armband und stellen fest, dass es schon seit einem Jahr ungewendet ist. So können Sie Ihren Erfolg messen und stolz auf sich sein.

Selbstwirksamkeit – Fundament eines guten Selbstbewusstseins

Das Grundkonzept von Selbstwirksamkeit geht auf Albert Bandura zurück, Professor für Psychologie an der Stanford University. In einer Studie, die in den 70er-Jahren durchgeführt wurde, konnte er beweisen: Menschen, die davon überzeugt sind, dass ihre Fähigkeiten ausreichen, um jede an sie gestellte Anforderung zu meistern, werden das perspektivisch auch schaffen. Menschen mit geringem

Selbstvertrauen scheitern oftmals schon bei den ersten Schritten. Das bedeutet, eine positive Selbstprognose hat den Effekt einer selbsterfüllenden Prophezeiung. Wer optimistisch eventuelle Hindernisse angeht, gelangt über diese auch oft zum Erfolg.

Das sollte jedoch nicht als Sorglosigkeit verstanden werden. Das Resultat von Albert Banduras Studie lautet nämlich: Fähigkeiten allein nur zu besitzen, reicht nicht aus; der Türöffner für den Erfolg liegt zusätzlich darin, die Überzeugung zu haben, diese Fähigkeiten auch abrufen zu können, wenn sie verlangt werden. Jede Herausforderung beinhaltet die Aufgabe der Vorbereitung und harten Arbeit an sich. Stärken Sie Ihr Selbstvertrauen, indem Sie im Privaten mit positiven Affirmationen zu sich sprechen. Sie sind in der Aufbauphase Ihres neuen Selbstbewusstseins, daher sollten Sie es anfangs vermeiden, sich vor anderen anzupreisen. Wenn dann das Erwartete nämlich nicht abgeliefert wird, verlieren Sie das Vertrauen anderer und traumatisieren Ihr Selbstbewusstsein aufs Neue. Gehen Sie langsam, aber unumkehrbar und bleiben Sie dabei in engem Kontakt mit sich selbst.

Ein selbstwirksames Leben zu führen, erhöht auch die Bereitschaft, länger an Aufgaben zu bleiben, vor allem, wenn es eine Herausforderung für Sie ist.

Selbstwirksamkeit ist die universelle Grundlage für schulischen, universitären oder beruflichen Erfolg. Eine Studie der amerikanischen Psychologen Lewis Terman und Melitta Oden wertete die Biografien von 1500 Amerikanern mit einem hohen Intelligenzquotienten aus; diese waren erfolgreicher als der Durchschnitt und strebten alle eine Karriere als Arzt an. Als man dieselbe Gruppe noch einmal miteinander verglich und die besonders erfolgreichen Teilnehmer analysierte, kam heraus, dass diese nur fünf IQ-Punkte mehr hatten als die Mitte der Befragten, somit kann man sagen, dass Intelligenz als solches tatsächlich nicht entscheidend ist, ob jemand im späteren Leben erfolgreich ist. Wäre es so, hätte der Intelligenz-Unterschied innerhalb der Gruppe viel höher ausfallen müssen. Oden und Terman konnten auf der Grundlage dieser Studie empirisch belegen, dass Intelligenz-unabhängige Eigenschaften wie Zielstrebigkeit, Ehrgeiz und Selbstvertrauen weitaus mehr Früchte tragen als nur bloße Intelligenz.

Sie wünschen sich mehr Erfolg und Anerkennung im Beruf? Halten Sie sich Ihre Selbstwirksamkeit vor Augen und machen Sie sich klar, dass nur eine erfolgreiche Verschmelzung Ihrer praktischen Fähigkeiten mit einem energetischen Charakter eine erfolgreiche

Person aus Ihnen machen kann. Das hier Beschriebene ist ein wichtiger Teil der Selbstanalyse. Dazu gehört neben der Geduld mit sich selbst, anzuerkennen, dass es gewisse Dinge gibt, die Sie in Ihrem Leben ändern bzw. physikalisch beseitigen möchten.

Sei es eine lang andauernde Arbeitslosigkeit, ein beruflicher Wechsel oder eine private Angelegenheit wie zum Beispiel der Verzehr zu vieler Süßigkeiten. Vielleicht streben Sie völlig neue Dinge an, wie das Erlernen eines Instruments, das Gründen eines Unternehmens oder das Ausüben eines Hobbys. Ihnen fehlt aber das Selbstvertrauen, sich an entsprechende Stellen zu wenden. Der Gedanke, als Neuling einen Tanzkurs mitzumachen, erschreckt Sie vielleicht. Sie denken, Sie müssten an Ihrem schlechten Arbeitsplatz verbleiben, da Sie einfach keine Zeit haben, nebenher nach einem besseren Job Ausschau zu halten.

KEIN MEISTER IST JE VOM HIMMEL GEFALLEN – KLEIN ANFANGEN MIT GROßER WIRKUNG

An diesem Punkt komme ich wieder auf positive Selbstaffirmationen zurück, denn jeder Profi hat klein angefangen. Und so, wie Sie den Raum haben, nicht perfekt sein zu dürfen, haben Sie ebenso den Raum dafür, in Ihrer ersten Tanzstunde kein perfektes Ballett aufzuführen. Um den besseren Job zu finden, mag es möglich sein, dass Sie bei Ihrer aktuellen Arbeit kürzertreten müssen, um Zeit für die Suche zu haben. Ein neues Hobby zu beginnen, mag voraussetzen, Bücher darüber zu lesen oder anderweitig zu recherchieren.

Sie sehen also, dass die meisten Wünsche als Endziel formuliert werden, in Wirklichkeit aber nur das gesammelte Ergebnis vieler kleiner Zwischenschritte sind. Mit jedem Schritt, den Sie in Richtung Ihrer Selbstwirksamkeit machen, wird eine angenehme Selbstermächtigung in Ihnen wachsen, denn nun wissen Sie: Ich kann, wenn ich will! Sie werden bemerken, dass dadurch auch andere Sie anders wahrnehmen. Sie werden automatisch mehr von sich halten, wenn Ihre Projekte verwirklicht sind. Aber denken Sie daran, dass Geduld und Verständnis weiterhin unerlässlich sind.

Menschen sind Wesen, die ein Leben lang lernen. Bestimmte Erfahrungen müssen gemacht werden, bevor ein Mensch genau weiß, wie er eine gesunde Kommunikation mit sich selbst führen kann, welcher Ton angebracht ist, wie Sie Worte für sich selbst formulieren, die Ihre Seele streicheln und Ihr Innerstes erreichen. Das zu dechiffrieren, kann erst mal Zeit in Anspruch nehmen. Aber es lohnt sich!

Selbstbewusstsein im beruflichen Bereich – Das Selbst und die Profession

Gerade in der heutigen Arbeitswelt wird unser Selbstbewusstsein auf die Probe gestellt. Sei es, dass Sie mit der Leitung eines Projekts angetraut wurden und die Kommunikation zwischen den Teilnehmer regeln müssen, eine Präsentation, um

Ihren Chef von einer Produktidee zu überzeugen oder nach einer Gehaltserhöhung zu fragen. Schon in der Schule werden Kinder und Jugendliche auf die Darbietung von Vorträgen und Schulkonzerten vorbereitet. Im täglichen Zusammenspiel mit Lehrpersonal und Mitschülern werden Sie auf das Leben innerhalb von Hierarchien vorbereitet. Im pädagogischen Sinne dienen diese Maßnahmen dazu, das Selbstbewusstsein der Heranwachsenden zu stärken und auszubauen.

Die Berufswelt ist oft Sehnsuchtsort der persönlichen Identifikation in der Welt. Manchmal reduzieren sich Menschen sogar auf ihr Funktionieren an ihrer Arbeitsstelle. Dadurch wird der ursprüngliche Sehnsuchtsort für viele auch zur inneren Qual. Denn das, was wir tun, um unseren Lebensunterhalt zu verdienen, sollte auch zu unserer inneren Haltung und unserem Charakter passen.

Ein selbstbewusster Mensch mag zuverlässig, fleißig und ein gern gesehener Kollege sein. Vielleicht, weil er oft die Aufgaben seiner Kollegen übernimmt, keine Anfrage ablehnt und immer zur Stelle sein mag. Aber was wäre, wenn diese Eigenschaften nicht der Leidenschaft für den Job entspringen, sondern die nicht selbstbewusste Person schlichtweg nicht „Nein" sagen kann? Oder sich im Geheimen nach einem neuen Arbeitsplatz sehnt? Dann erscheint der nette Kollege, der alles für alle tut, auf einmal sehr schwach und bewegungsunfähig. Er wird leicht zum Spielball für fremde Interessen, aber seine eigenen bleiben dabei auf der Strecke.

Sollten Sie sich eventuell in diesem „netten Kollegen" erkannt haben? Keine Sorge, die Antwort darauf ist nicht, sich wie ein absoluter Unmensch zu verhalten. Der Trick ist klar und bestimmt in wenigen Sätzen Ihren Standpunkt zu erklären. Wenn Sie denken, dass jemand Ihnen zu viele Aufgaben zuschiebt, sagen Sie ihm kurz und knapp, dass Sie zu viel eigene Arbeit haben. Wenn Ihr Umfeld Sie nicht als selbstbewussten Menschen kennengelernt hat, wird das vielleicht im ersten Eindruck zu erstaunten Gesichtern führen.

Extrem formuliert: Genießen Sie auch mal die Enttäuschung anderer, wenn Sie mal ein Anliegen ablehnen dürfen. Sie werden sehen, dass die Enttäuschung Ihrer Mitmenschen nur von kurzer Dauer sein wird und sich mit der Zeit in Respekt umwandelt. Lassen Sie Ihre Kollegen wissen, wann Ihre Grenzen erreicht sind. Dabei müssen Sie nicht zwingend unfreundlich agieren. Etwas freundlich, aber bestimmt abzulehnen, erfordert auch ein gewisses Training. Aber mit der Zeit werden Sie Ihre innere Mitte diesbezüglich finden.

BERUFLICHE ZUFRIEDENHEIT ERZEUGT SELBSTVERTRAUEN

Im beruflichen Kontext vergisst man schnell, dass das Leben uns um unserer selbst willen in diese Welt gebracht hat. Der monetäre Aspekt, um den sich die Welt dreht, ist ein installiertes Konstrukt, das dem wahren Sinn von Sein und Selbst nicht zwingend entspricht. Eine Arbeit, die Ihre Talente nicht fördert, Sie über- und unterfordert und keinerlei Zufriedenheit oder Zukunftsaussichten schafft, ist ein Stein in Ihrem Schuh, der Sie nie den Grad an Selbstbewusstsein erreichen lässt, den sie möglicherweise erreichen könnten. Hier kommt es wieder auf Ihre Selbstwirksamkeit an.

Wie eingangs erwähnt, ist der Weg das Ziel. Gehen Sie mit winzigen Schritten. Sollten Sie nicht wissen, welche Bereiche des Lebens Sie eigentlich interessieren, finden Sie es heraus. Treten Sie in Kontakt mit Berufsberatern und anderen Instanzen, die Ihnen helfen können, eine passendere Arbeit zu finden.

NADINE ENGELMANN

EIN STARKER AUFTRITT – INSZENIERTES SELBSTBEWUSSTSEIN

Manchmal erfordern besondere Umstände, dass wir innerhalb weniger Tage oder Wochen selbstbewusst werden müssen, da man eine Präsentation oder eine Darbietung anderer Art vor Publikum vortragen soll. Der Auftritt vor Publikum ist an sich immer eine etwas gekünstelte Situation, daher haben Personen mit einem geringen Selbstwert oft Probleme, bei Vorträgen klar und verständlich zu sprechen. Sie verfallen in ihrer Darbietung in ein undeutliches Nuscheln, bauen keinen Kontakt zur Zuhörerschaft auf und stehen verkrampft und bewegungslos im Raum.

Wenn dieser Vortrag in einem Bewertungsrahmen stattfindet, kann das zu negativem Feedback führen oder noch schlimmer, ein vielleicht gehaltvolles Thema mit wichtiger Botschaft kann aufgrund der Darbietungsweise nicht gewürdigt werden. Aber nun fühlen Sie sich schüchtern und schaffen es nicht, bis zu Ihrem Auftritt eine Wunderheilung zu vollziehen. Das ist kein Grund zum Verzweifeln. Stärken Sie zu Beginn Ihre innere Position wie immer mit Kraft gebenden Affirmationen.

„Auch, wenn ich Respekt vor dem Thema habe, mit Übung und Fleiß bin ich mir sicher, eine gute Präsentation zu halten."

„Durch meine Körperhaltung kann ich selbstbewusster rüberkommen, als ich im Inneren bin."

„Ich bin in der Lage, ein gutes Selbstvertrauen auch kurzfristig zu inszenieren, wenn es notwendig sein sollte."

Körperlich wird Selbstbewusstsein mit einfachen Mitteln ausgestrahlt. Selbst an Tagen, an denen Sie sich nicht selbstbewusst fühlen, können Sie dieses durch einfache Übungen der Körperhaltung kurzfristig inszenieren, zum Beispiel bei einer Präsentation, einem Bewerbungsgespräch in der Arbeit oder Hochschule.

Die Aufregung, sich einem Publikum zu stellen und Erwartungen unter Umständen nicht erfüllen können, wurzelt bei selbstbewussten Menschen oft darin, dass sie sich nicht wertvoll genug fühlen, um etwas präsentieren zu können. Zusätzlich fließt bei dem einen oder anderen die Angst mit ein, von einem Publikum wegen visueller Faktoren ver- oder beurteilt zu werden. Was tun also, wenn es darum geht, temporär einen sehr selbstbewussten Eindruck machen zu „müssen"? Hier einige Vorschläge:

Sich selbst hochziehen

Versuchen Sie, einige Minuten vor Ihrer „Darbietung" ein wenig Privatsphäre zu gewinnen. Stellen Sie sich in einen für Sie angenehmen Stand und schließen Sie Ihre Augen. Tippen Sie mit Ihrem Zeigefinger auf Ihren Scheitel und stellen Sie sich vor, Sie könnten sich an Ihrem Scheitel hochziehen. Langsam streben Sie mit Kopf und Fersen in Richtung Decke.

Atmen Sie ruhig und regelmäßig in Ihrem Tempo. Strecken Sie auf diese Weise Ihren gesamten Körper. Spüren Sie, wie Ihre Wirbelsäule sich streckt und Sie an Größe gewinnen. Diese Übung bewirkt, dass Sie trotz vorheriger Anspannung gelöster wirken und eine entspanntere Körperhaltung vorweisen, die den Eindruck eines selbstbewussten Menschen unterstreicht.

Selbstsicherheit durch Selbstvergessenheit

Ein Mensch bekommt in dem Moment ein selbstsicheres Auftreten, wenn er aufhört, sich darüber Gedanken zu machen, wie er vor anderen erscheint. Lenken Sie Ihren Fokus auf die Zuhörerschaft, denn diese Menschen sind gekommen, um Ihren Ausführungen zu lauschen. Nehmen Sie gelegentlich Blickkontakt auf und lächeln Sie dabei. Die ausgestrahlte Freundlichkeit wird vom Publikum als Sympathiegeste empfunden.

Somit wird Ihnen auch leichter verziehen, wenn Sie sich einmal versprechen.

Übung macht den Meister

Wie in Selbstanalyse II behandelt, ist eine gewissenhafte Vorbereitung auf Ihre Aufgabe unerlässlich. Proben Sie bestimmte Situationen mit Freunden oder Kollegen. Es kann helfen, jemanden im Publikum zu haben, der um Ihre Ängste weiß und Ihnen absolutes Wohlwollen entgegenbringt. Menschen investieren oft in Präsentationscoachings. Wenn Sie die Möglichkeit haben und Präsentationen ein Teil Ihrer Arbeit sind, können Sie auf diese Möglichkeit zurückgreifen.

Wenn Sie jedoch darauf verzichten wollen, dann geben Sie sich genug Zeit, um Schritt für Schritt eine Verbesserung Ihrer Fähigkeiten zu erreichen. Das dauert ohne „Intensivprogramm" vielleicht etwas länger, resultiert aber in demselben Ergebnis: eine dauerhaft selbstbewusste Haltung, wenn es darum geht, vor Publikum zu sprechen.

Selbstvertrauen durch Authentizität – Der selbstbewusste Introvertierte

Wie Sie in den bisherigen Kapiteln erfahren haben, hat ein stabiles Selbstwertgefühl immer etwas mit Ihrer Beziehung zu Ihnen selbst zu tun. Täglich an dieser Beziehung zu arbeiten, zahlt sich aus. Dazu gehört auch, wie in

Selbstanalyse I besprochen, die eigene Persönlichkeit zu kennen. Denn Selbstbewusstsein wird oft mit Extrovertiertheit verwechselt. Im Umkehrschluss nehmen manche Menschen an, ein übertriebenes, extrovertiertes Verhalten könnte über ihre Selbstwertschwäche hinwegtäuschen.

In einer gestellten Situation wie bei einer Präsentation kann gekünstelte Begeisterung die Aufmerksamkeitsspanne des Publikums erhöhen, aber im echten Leben kommen die Menschen schnell dahinter, wenn jemand eine Rolle spielt. Sie sind womöglich kein Mensch, der Gespräche an sich reißen oder im Mittelpunkt stehen möchte. Wenn Sie Ihre Grenzen und Wünsche offen und direkt aussprechen, wird das bei Ihren Mitmenschen Bewunderung auslösen, denn Sie wissen, wer Sie sind und haben kein Problem, dazu zu stehen. Und auch, wenn Sie selten der Spaßmacher in einer sozialen Gruppe sind, schätzen Ihre Freunde doch Ihr aufrichtiges und authentisches Wesen.

Vielleicht fühlen Sie sich bei sozialen Ereignissen eher angespannt, da Sie das Gefühl haben, etwas sagen zu müssen. Deswegen meiden Introvertierte oft andere Menschen, leiden aber auf der anderen Seite unter Einsamkeit und dem Wunsch, sich mehr mitteilen zu können.

Hier ist es wichtig auszumachen, wo Ihre Introvertiertheit wurzelt. Wenn Sie nämlich in Ihrem Charakter wurzelt und Sie mit geschlossenen Augen fühlen können, dass Sie Ihre Persönlichkeit als authentisch empfinden, dann lassen Sie sich von keinem etwas anderes erzählen. Andere könnten Kommentare darüber machen, dass Sie nie etwas zu sagen haben, geschweige denn eine Persönlichkeit hätten. Ein paar Vorschläge, wie Sie antworten könnten:

„Ich schätze es, dass du neugierig bist, was ich so zu erzählen habe, aber in der Runde heute möchte ich lieber euren Geschichten lauschen."

„Ich bin schon immer ein eher stiller Mensch gewesen, bin dadurch aber zu einem ausgezeichneten Zuhörer geworden."

„Ich möchte mir gern einmal vornehmen, von mir zu sprechen, dafür brauche ich aber noch Zeit."

„Ich bin jemand, der soziale Situationen am liebsten im Stillen genießt. Ich schätze eure/ deine Anwesenheit dennoch sehr."

Durch Ihre Offenheit können Sie selbstbewusster an Personen und Ereignisse herangehen. Sie informieren Ihr Umfeld bei konkreter Nachfrage kurz über Ihre Gemütslage. Das erleichtert Ihrem Umfeld den Kontakt zu

Ihnen. Und auch, wenn Sie öfter still werden als zu reden, Ihre Freunde wissen, woran sie sind, und schätzen Sie dann umso mehr, wenn dann der Abend gekommen ist, an dem Sie in Ruhe von sich erzählen können. Das Gefühl von seinem Umfeld mit seiner individuellen Persönlichkeit angenommen und akzeptiert zu sein, wird Ihr Selbstvertrauen ungemein stärken. Suchen Sie sich ein Umfeld, das zu Ihrer individuellen Persönlichkeit passt. Man wird Sie für Ihre gut durchdachten Worte loben und Sie können glücklich damit leben, kein flippiger Dauerredner geworden zu sein.

DER NICHT SELBSTBEWUSSTE INTROVERTIERTE

Wurzelt Ihre Introvertiertheit jedoch in einem Minderwertigkeitskomplex, können Sie mithilfe dieses Buches alles erfahren, was Sie benötigen, um sich mehr einzubringen.

Manche Introvertierte leiden zusätzlich unter einem Sprachfehler wie Lispeln oder Stottern. Gehen Sie Ihre Sprechblockaden bewusst an und sprechen Sie viel mit sich selbst. Nehmen Sie sich beim Sprechen die Zeit, die Sie benötigen, und üben Sie sich in offener Kommunikation. Auch, wenn man sogenannte Mängel nicht gern auf den Tisch packt, es kann Ihrem Umfeld helfen, Ihnen mehr Zeit und Ruhe beim Sprechen zu geben. Sie werden dadurch immer selbstbewusster und schaffen es, sich den Raum einzufordern, den Sie benötigen, um Ihre Sätze in Ruhe zu Ende zu sprechen.

Bemerken Sie fehlende Geduld bei Ihrem Gegenüber, machen Sie die Person darauf aufmerksam, mehr Verständnis zu üben, ansonsten nehmen Sie es sich genauso vor, ein Gespräch, das Ihnen schadet, sofort zu beenden. Denken Sie daran, dass auch Sie gehört werden dürfen, und in einer Welt, in der alle sprechen, ist auch Ihre Stimme ein vollkommenes und wichtiges Organ zur Kommunikation.

Sie denken, es würde andere nicht interessieren, was Sie zu sagen hätten? Wenn es Menschen sind, mit denen Sie regelmäßig Zeit verbringen, können Sie davon ausgehen, dass es sie sehr wohl interessiert, was Sie zu sagen haben. Eine negative Affirmation ist es nämlich auch, Menschen stets eine schlechte Absicht zu unterstellen. Die meisten Menschen handeln oft aus Unsicherheit und flapsige oder unbedachte Sprüche anderer sind ähnliche Coping-Strategien, wie Sie sie an den Tag legen – nur in umgekehrter Weise.

Introvertiertheit kann auch aus einem erlebten Vertrauensverlust entstehen.

Vielleicht haben Menschen, die Sie lieben sollten, Sie stattdessen verletzt. Liebesentzug, Missbrauch und andere schlechte Erfahrungen der Vergangenheit haben Sie dorthin gebracht, keiner Menschenseele mehr zu vertrauen. Es ist Ihr gutes Recht, das auch genauso in Ihrem jetzigen Leben umzusetzen und sich von Menschen zurückzuziehen, doch sollten Sie das Bedürfnis haben, wieder vertrauen zu wollen, um wieder aktiver im gesellschaftlichen Zusammenleben teilzunehmen, müssen Sie den Ballast der Vergangenheit abwerfen und wieder Chancen verteilen.

Ein Vertrauensverlust geht oft mit Verbitterung einher. Verbitterung führt zu einer negativen und zynischen Sicht auf andere und steht Ihrem neuen Selbstbewusstsein nur im Weg. So hart es klingen mag: Traumatische Ereignisse geschehen leider häufig. Eine gewisse Resilienz gegenüber Enttäuschungen im Menschlichen ist daher sehr zu empfehlen. Die Menschen, die Ihnen die Dinge angetan haben, mögen vielleicht nicht mehr in Ihrem Leben sein, aber bestimmen weiterhin Ihre Gedanken- und Gefühlswelt. Es gibt 8 Milliarden Menschen auf der Erde und selbst, wenn 100 davon Sie enttäuscht hätten, gibt es immer noch genug Menschen, die Ihnen beweisen könnten, dass so etwas wie aufrichtige Freundschaft existiert und

Menschen andere Menschen oft aus einem geringen Selbstwertgefühl heraus herabsetzen. Der Vergangenheit zu verzeihen, kann tatsächlich ein wichtiger Faktor sein, um sein Selbstwertgefühl grundlegend aufzubauen. Ob es Dinge sind, die Sie getan haben oder andere. Es wird Zeit, neue Ufer zu erkunden. Alles, was dort in Ihrer Vergangenheit war, hat seinen Platz und dennoch ist die Vergangenheit ein zu klein gewordenes Kinderzimmer, aus dem Sie dringend ausziehen sollten. Fangen Sie wieder an, auf Leute zuzugehen.

In der heutigen Zeit verwenden viele Menschen Online-Plattformen, um sich ungezwungen kennenzulernen, denn Menschen auf der Straße frei anzusprechen, ist etwas für sehr Mutige. Sie können Ihre Schritte bewusst auswählen. Falls es Ihnen schwerfällt auszumachen, was genau für Menschen Sie in Ihrem Leben haben möchten, kann es helfen, Ihre persönlichen Interessen noch mal genau zu durchleuchten und Kontakt zu einem Verein oder Gruppen aufbauen, die diese Interessen teilen oder ausüben.

Gerade im sportlichen Kontext kommt es oft nicht auf Konversationen an. Dort können Sie durch Einsatz und Leidenschaft glänzen. Oder Sie möchten mit Tieren arbeiten, die Ihre Worte sowieso nicht verstehen. Sprüche wie: „Mauerblümchen!", „Geh doch mal aus dir raus!", „Du traust dich doch nichts", „Die/der redet nie", haben dazu geführt, das Introvertierte oft den Druck verspüren, einen völlig anderen Menschen mimen zu müssen. Aber dem ist nicht so. Sie sind ein einmaliger, toller Mensch, der durch seine Erfahrungen und Sozialisationen zu Ihrer individuellen Persona geworden ist. Sie dürfen immer Sie selbst bleiben. Auch introvertiert, wenn Sie das gern möchten.

Selbstvertrauen durch Authentizität – Der selbstbewusste Extrovertierte

Vielleicht erinnern Sie sich noch an die „Klassenclowns" in Ihrer Schulzeit. Das waren Kinder, die ständig Bestätigung und Reaktionen von anderen ernten wollten. Da sie selbst nicht in der Lage waren, die Bestätigung bzw. das Selbstbewusstsein in sich selbst hervorrufen zu können, mussten Sie sich stets irgendwie hervortun. Um die positiven Affirmationen zu ernten, und sei es nur das Lachen, stellten sie alles Mögliche an, versuchten immer, das Wohlwollen bzw. „die Lacher" auf ihrer Seite zu haben. Dafür war ihnen kein Witz zu schade. Oft wurden diese „Klassenclowns" in ihrem kompletten Schulleben ausgelacht, bloß gestellt und von Lehrern vollkommen unterschätzt und nicht gefördert, da sie sich oft für dümmer ausgaben, als sie wirklich waren. Manchmal waren es sogar hochbegabte Kinder, die sich im Unterricht unterfordert fühlten. Was ist aus diesen „Klassenclowns" geworden? Steckte hinter ihrem Verhalten nur extremes Selbstbewusstsein?

Vielleicht sind es Erwachsene geworden, die stets auf der Suche nach einer Sonderrolle im Leben anderer sind. Sei es im Beruf oder bei Freunden. Ihr Selbstbewusstsein wird ausschließlich darüber generiert, positive Affirmationen von anderen zu bekommen. Sie verspüren den Drang, für andere stets eine lobende und unterhaltende Instanz darzustellen. Doch in Momenten des Alleinseins wird diesem Erwachsenen klar, dass er dennoch keine lobenden oder aufbauenden Worte für sich selbst finden kann. Er hat die Kommunikation mit sich selbst aufgegeben und kann sich nur noch durch die Augen anderer wahrnehmen. Das verschleiert ihm die Sicht, um sich selbst klar zu sehen.

Wenn ein Mensch zur Projektionsfläche für allerlei Träume und Visionen anderer wird, bleiben die eigenen Motivationen auf der Strecke. Trauen Sie sich nicht, Ihrem sozialen Umfeld bestimmte Momente und Gedanken aus Ihrem Leben mitzuteilen, aus Angst, Sie könnten dadurch uninteressant werden? Dann sind Sie ein extrovertierter Mensch mit geringem Selbstvertrauen.

Der schüchterne „Im-Mittelpunkt-Steher" verwendet ein konstruiertes Selbstbewusstsein, welches zwar wie ein Schild um ihn herum, aber nicht in ihm selbst wirkt. Es ist möglich, dass die konstruierte Rolle unangenehme Blüten treibt, sodass jemand laut und polternd spricht, einer anderen Person permanent ins Wort fällt oder sich über andere lustig macht, um ihren Erfolg zu kleinzureden. Es sei nochmals gesagt: Der Selbstbewusste nimmt den Erfolg anderer als Motivation wahr. Der Nicht-Selbstbewusste nimmt den Erfolg anderer als Bedrohung wahr. Fälschlicherweise werden toxische, zwischenmenschliche Verhaltensweisen in Film und Fernsehen gern als „Selbstbewusstsein" dargestellt.

Der coole, aber „grausame" Gangster, der kompetente, aber „cholerische" Fernsehkoch, das arrogante, aber „schöne" Model. All diese Ausdrücke eines scheinbaren Selbstbewusstseins führen dazu, dass Menschen ihr Selbstvertrauen inszenieren wie Schauspieler, die eine ihnen eigentlich fremde Rolle angenommen haben. Ein gesundes Selbstvertrauen zeichnet sich dadurch aus, dass der Mensch seinen Charakter als Ganzes angenommen hat. Ob Sie eher mitteilsam sind, nur wenig reden, viel zwischenmenschlichen Kontakt suchen oder lieber allein sind: Jeder definiert sein Bewusstsein und seine Einordnung in die Welt für sich.

Der selbstbewusste Extrovertierte sieht sich oft gezwungen, den Alleinunterhalter zu mimen, obwohl sein Wahres ich eigentlich keine Ambition dazu hat. Er erträgt keine langen Redepausen. Er glaubt sofort, durch eine Redepause einen unangebrachten Eindruck zu erwecken, und neigt dazu, sein Gegenüber mit Worten zu überstürzen. Je höher Sie die Mauern zu Ihrem echten Gefühl ziehen, desto mehr wird Ihr Gesprächspartner bemerken, dass Sie dahinter etwas verstecken. Damit extrovertierte Menschen ihr Selbstbewusstsein steigern, helfen folgende Affirmationen:

„Ich bin nicht gezwungen, den Alleinunterhalter zu spielen und möchte mich auch nicht von anderen in diese Rolle drängen lassen."

„Heute nehme ich mir vor, den anderen zuzuhören, anstatt sie nur zu unterhalten."

„Ich bin heute einfach nicht lustig drauf und das ist völlig in Ordnung und angebracht."

„Ich werde im heutigen Gespräch bewusst eine Redepause von 30 Sekunden machen und die Reaktionen abwarten."

Es erschließt sich Ihnen womöglich noch nicht ganz, wieso ein extrovertierter Mensch sich selbst zurücknehmen sollte, um sein Selbstvertrauen aufzubauen, denn der selbstbewusste Extrovertierte glaubt, dass er ausschließlich positives Feedback bekommt, wenn er sich auf eine festgelegte Art verhält, obwohl diese Art vielleicht nicht seiner aktuellen Lebens- und/oder Gemütslage entspricht.

Er wird in diesen Phasen unsozial, zieht sich zurück und vermeidet genauso wie der Introvertierte andere Menschen. Sein Selbstwertgefühl leidet darunter, die aufgesetzte Maske nicht permanent tragen zu können. Er setzt sich mit diffamierenden Worten unter Druck, wieder ein lustiger Geselle zu sein. „Jetzt sei doch mal wieder fröhlich!" „Meine Freunde lieben mich nicht, wenn ich mich nicht auf eine bestimmte Art und Weise verhalte." „Ich kann nicht mit dem Gefühl der emotionalen Nacktheit umgehen."

Das im Ursprung nur positiv besetzte Selbstvertrauen wird zu einem Gefängnis, in dem die Person sitzt und dennoch keine Teilhabe daran haben kann.

ERZWUNGENE POSITIVITÄT KANN ZUR FALLE WERDEN

Erzwungene Positivität ist ein Begriff, der sich erst kürzlich aus der New-Age-Bewegung herauskristallisiert hat. Es beschreibt die Idee, dass Menschen, die mit schwierigen Umständen zu kämpfen haben, sich konstant in einer positiven Laune oder Licht inszenieren müssen, und dass das Kleinreden von traumatischen Erlebnissen dabei helfen würde, den Schmerz zu lindern. Diese Einstellung wird problematisch, wenn wir uns nicht mehr mitteilen „wo der Schuh drückt".

Es verändert auch die Sichtweise auf tatsächlich körperlich eingeschränkte Menschen, die umso mehr darunter leiden, sich nicht äußern zu können, ohne mit lebensbejahenden Sprüchen bombardiert zu werden. Das echte Glücklichsein ist zu einer Glückspflicht geworden – so betrachtet es zumindest der dänische Psychologe Svend Brinkmann. In seinem Bestseller „Stand Firm: Resisting the Self-Improvement Craze" schreibt er, „dass es schlichtweg nicht angebracht sei, auf alle Situationen im Leben positiv zu reagieren". Aus seiner Sicht ist das Beharren auf immer gut gelaunte und fröhliche Mitarbeiter in der Arbeitswelt „fast schon totalitär".

Die grundlegende Idee, dass jeder sich glücklich hexen könne, vermittelt den Eindruck, dass unglückliche Menschen per se an ihrem Leid schuld seien. Das seit Jahrzehnten bekannte „Health Paradox" beschreibt, dass Menschen umso unglücklicher werden, je mehr sie sich mit sich selbst beschäftigen. Der zwanghaft Glückliche verweigert sich dem Gefühl, negative Emotionen zu verspüren, und empfindet bei aller nach außen gezeigter Positivität eine Disharmonie in seinem Inneren.

Diese Disharmonie führt wieder zur Selbstdegradierung, da man sich für seine Schwachheit hassen mag, um sich dann wieder zu ermahnen, man müsse sich uneingeschränkt selbst lieben. Laut Brinkmann spielen negative Emotionen eine wichtige Rolle dabei, wie wir die Welt verstehen. Rätsel in uns selbst zu entziffern, mag ein wenig knifflig sein, aber es schult

unseren Überlebensinstinkt. Das Erfahren von Schuld-
gefühlen in unserem Leben bildet unser Verständnis
von Moral aus. Wut kann in einigen Fällen eine ange-
brachte Reaktion auf Ungerechtigkeit sein. Das Trau-
ern hilft, Stress abzubauen und Geschehnisse zu verar-
beiten. Natürlich ist absolut essenziell, gedanklich
überwiegend im positiven Bereich zu agieren, dennoch
sollten Sie lernen, Ihre Gefühle im Gesamten nicht abzulehnen.

Der selbstbewusste Extrovertierte kann klar und
bestimmt äußern, wenn ihm nicht danach ist, im Mittelpunkt zu stehen. Ihr Umfeld, das Ihre stille Seite vielleicht nicht kennt, könnte versucht sein, Sie mit Sprüchen wie: „Hey, warum bist du heute so still?", „Sag du
doch mal was dazu!", aus der Reserve zu locken. Denn
egal, wie Sie sich selbst betrachten, für andere ist ein
extrovertierter Gesprächspartner meistens ein Zugewinn. Ihre Zuhörer sind fasziniert von Ihrer spannen-
den Erzählweise und hängen Ihnen förmlich an den
Lippen.

Das ist auf der einen Seite eine großartige Bestätigung Ihrer Fähigkeiten im sozialen Bereich, auf der anderen Seite sollten Sie auch ohne die permanente Bestätigung von außen um Ihren Wert wissen, denn
wertvoll sind Sie auch, wenn Sie keine Glanzleistungen

vollbringen. Wertvoll sind Sie auch, wenn Sie nicht jeden zum Lachen bringen können. Schauen Sie in Ihr Innerstes und finden Sie heraus, wie Ihr Charakter beschaffen ist.

Extro vs. Intro – Mehr Selbstbewusstsein für beide Parteien

Im täglichen Zusammenspiel treffen kombinativ offene Menschen oft auf eher zurückhaltende. Während man sich im privaten Kontext eher Menschen sucht, die seiner Persönlichkeit entsprechen, kommen im beruflichen Kontext verschiedene Arten von Charakteren zukamen.

Der Extrovertierte und der Introvertierte ergänzen sich im Grunde eigentlich wunderbar. Eine Partei gestaltet die Konversation, die andere Partei zeichnet sich eher durch das gründliche Zuhören aus. Dieses geschieht aber nur, wenn beide ein stabiles Selbstvertrauen haben, standfest im Inneren sind und gleichzeitig die Probleme des anderen akzeptieren und bedenken. Wenn zwei nicht selbstbewusste Personen mit beschriebenen Eigenschaften aufeinandertreffen, kommt es leicht zu Missverständnissen, die wiederum das Selbstbewusstsein beider mindern können.

Ein Gesprächsbeispiel:

E.: „Hallo, wie schön Sie zu sehen! Ich hoffe, Sie sind gut durchs Wochenende gekommen? Ich war mit Freunden am See, wir haben Handball gespielt, gegrillt und Musik gehört", er fängt an zu erzählen.

I. denkt: („Na großartig, jetzt muss E. mir wieder mitteilen, was für ein großartiges Leben er hat. Ich habe das Wochenende wieder allein verbracht und habe einfach nichts zu erzählen.")

I. sagt: „Ich, bin gut durchs Wochenende gekommen. Danke."

E. denkt: („Warum antwortet I. immer so einsilbig? Ich habe das Gefühl, I. mag mich nicht, sie kommt auch nie auf mich zu, vielleicht sollte ich das Gespräch nicht mehr suchen.")

E. sagt: „Das, freut mich für Sie."

Eine unangenehme Situation entsteht, in der beide eher schnell das Weite suchen.

Im schlimmsten Fall kann aus so einer Situation eine tiefe Abneigung zwischen beiden Parteien entstehen. Der Introvertierte ist dann der Meinung, der extrovertierte Mensch würde ihm nur unter Nase reiben wollen, dass er nichts zu sagen hätte, der Extrovertierte wiederum denkt, der Verschlossene sei arrogant und würde sich sogar im Geheimen über ihn lustig machen. Im Arbeitskontext geschieht das sehr häufig sogar offen. Eine feindliche Arbeitsumgebung entsteht für beide Parteien.

Und das ist wieder die Ausgangsposition für Selbstwertkomplexe und innere Konflikte. Sie sehen also das Selbstbewusstsein etwas mit Ihrer Umwelt zu tun haben. Wenn Sie nicht in der Lage sind, sich selbst zu durchschauen, werden auch andere oft ein Rätsel für Sie bleiben. Wie würde umgekehrt eine Unterhaltung zwischen zwei selbstbewussten Parteien mit beschriebenen Eigenschaften ablaufen?

Ein Gesprächsbeispiel:

E.: „Hallo, waren Sie dieses Wochenende auch in der Natur? Für mich ist das immer etwas sehr Entspannendes." (Lässt I. Zeit, um darauf zu reagieren.)

I.: „Ja, ich gehe ab und an spazieren."

E.: „Das finde ich richtig großartig. Am liebsten gehe ich mit Freunden raus, da lässt sich immer so viel entdecken."

I.: „Ich bevorzuge es eher, in kleinem Rahmen unterwegs zu sein. Ich schätze eine gewisse Form des Alleinseins in meinem Leben."

E: „Oh, das bewundere ich sehr an Ihnen. Ich habe tatsächlich Probleme mit dem Alleinsein, obwohl ich es mir ab und an doch wünschen würde."

I.: „Es ist gar nicht so schwer, wenn man es schafft, mit sich ins Reine zu kommen. Es gibt viele Dinge, die auch allein Spaß machen."

E.: „Was denn zum Beispiel?"

I.: „Ich habe kürzlich ein Buch darüber gelesen, wie man sein Selbstbewusstsein stärken kann. Ich kann Ihnen den Titel notieren. Mir hat das Buch geholfen, zu akzeptieren, dass jeder Charakter einmalig ist und ich somit auch meine Schüchternheit ein wenig überwinden konnte." ...

Bemerken Sie den Unterschied? Der selbstbewusste, extrovertierte Mensch konnte die Introvertiertheit seines Gegenübers klar erkennen, anstatt seinen Gesprächspartner zu überrumpeln, um Bestätigung zu ernten, stellt er eine geschlossene Frage, die es Ihrem Gegenüber leicht macht, darauf zu antworten. Er gesteht dem introvertierten Menschen, auch ein kleines Problem mit einem zu starken Außenbezug zu haben. Beide bemerken, dass jeder individuelle Baustellen hat, die es zu bereinigen gilt. Der Weg für eine freundliche, offene Kommunikation ist geebnet, in der niemand Selbstbewusstseinseinbußen hinnehmen muss.

Oft findet man bei richtig guten Freunden genau diese Kombination. Einer, der sein Augenmerk auf das interessante Gestalten einer Konversation legt, und einer, der seine Aufmerksamkeit auf das Zuhören legt und sich entspannt durch das Gespräch leiten lassen kann.

Selbstbewusstsein – Der Weg mit sich ist das Ziel zum Selbst

Vielleicht mag Ihnen aufgefallen sein, wie viele Ihrer Lebensbereiche von Ihrem Selbstvertrauen beeinflusst werden können. Ob es Ihr Umgang mit Ihrer Persönlichkeit ist oder der der anderen. Selbstvertrauen multipliziert sich, je genauer man hinhört. Machen Sie sich bewusst, dass die vielen Menschen, die mit ihrem Selbstwert zu kämpfen haben, sich oft ungesunde Coping-Strategien angeeignet haben. Sich selbst kennenzulernen, ist eine lebenslange Aufgabe, die oft mit vielen Höhen und Tiefen einhergeht. Daher verzweifeln Sie nicht, wenn Sie in einem Jahr beispielsweise nur wenige Fortschritte gemacht haben. Denn wenige Fortschritte sind besser als gar keine. Tatsächlich ist eine negative Selbstaffirmation, sich diese wenigen Erfolge nicht anzurechnen oder gar kleinzureden. Ein selbstbewusster Mensch mag sich selbst; das strahlt er aus und wirkt dadurch anziehend. Wie im Kapitel „Inszeniertes Selbstbewusstsein" behandelt, mag es notwendig sein, für bestimmte Ereignisse von null auf hundert selbstbewusst zu sein. Doch diese Art des Selbstvertrauens ist oft nur eine temporär. Um dauerhaft den Effekt eines stärkeren Selbst zu entwickeln, ist die Innenschau und Selbstanalyse das wichtigste Fundament.

Die tägliche Arbeit mit Ihnen wird über kurz oder lang dazu führen, dass Sie sich selbst als einen Freund akzeptieren können. Dieser hat bestimmt ein paar Schwächen, aber auch unglaubliche Stärken, auf die er stolz sein kann. Ihr Umfeld wird von Ihrer Veränderung inspiriert sein und Sie vermutlich sogar um Rat fragen. Akzeptieren Sie sich mit Ihrer persönlichen Lebensgeschichte, Ihren Erfolgen und Misserfolgen. Es mag sich zuerst fremd und etwas lächerlich anfühlen, sich selbst laut zu loben. Doch mit der Zeit wird es Ihnen immer leichter über die Lippen gehen. Notieren Sie Ihre Veränderungen, um Ihren Erfolg nach einiger Zeit messen zu können.

Gehen Sie in sich und überlegen Sie, was ein selbstbewusstes und erfolgreiches Leben für Sie individuell und im Detail bedeutet. Das Maß der Dinge legen Sie fest, und was den anderen selbstbewusst macht, könnte bei Ihnen genau das Gegenteil bewirken. Hören Sie auf, sich zu vergleichen, sei es mit Ihrem Umfeld oder mit dem dargestellten Bildern in den Medien. Sie sind einzigartig und kein Mensch teilt dieselbe DNA. Selbstbewusstsein kann ein Karriere-Boost sein oder einfach nur zu einem zufriedeneren, selbstwirksamen Leben führen. Egal, wie Sie sich entscheiden, Sie können die Be- und Verurteilungen anderer getrost aus Ihrem Leben streichen. Wenn Sie bei sich bleiben, treten Sie wieder vor die Mauer der Schuldzuweisung und Verbitterung Mitmenschen gegenüber.

Als Zusatzteil habe ich Ihnen eine Liste mit Vorschlägen für positive Affirmationen für jeden Bereich erstellt. Sie können sich gern inspirieren lassen und eigene, auf Sie zugeschnittene Affirmationen entwickeln. Fügen Sie diese der Liste hinzu und wiederholen

Sie diese, wenn möglich, jeden Tag. Die Regelmäßigkeit der Übungen ist entscheidend. Wissenschaftler haben herausgefunden, dass ein Mensch ca. drei Wochen benötigt, um neue Gewohnheiten als permanent anzunehmen. Das bedeutet, dass es Ihnen nach drei Wochen sehr leicht fallen kann, sich selbst in einem günstigeren Licht zu betrachten, und die anstrengende Übung sich locker leicht in ihr Leben integriert.

Es schafft Zufriedenheit, gut von sich zu denken, es ist weder egoistisch noch selbst erhöhend. Falls sich Ihre Umwelt darüber beschweren sollte, sollte Ihnen klar sein, dass die abwertende Reaktion auf Ihr neues Selbstbewusstsein einem negativen Selbstzweck entspringt.

Ein Formulierungsvorschlag wäre:

> „Ich kann verstehen, dass dir das merkwürdig vorkommt, aber ich habe einen Weg gefunden, einfach besser von mir zu denken."
>
> „Ich glaube, vor ein paar Monaten hätte ich ähnlich reagiert, dennoch habe ich in der Zwischenzeit gelernt, lockerer mit mir und anderen umzugehen."
>
> „Tatsächlich ist es einfach schöner, sich nicht permanent zu verurteilen. Seitdem ich das begriffen habe, lebe ich ein zufriedeneres Leben."

Solche Aussagen werden Ihr Gegenüber neugierig auf Ihren Prozess machen und die Person vielleicht sogar dazu bringen, am eigenen Selbstwertgefühl zu arbeiten.

Zum Schluss wünsche ich Ihnen viel Erfolg beim Umsetzen und Verstehen des Gelesenen. Eine Person mit einem gesunden Selbstvertrauen ist nicht nur eine Bereicherung für sich selbst, sondern auch für die gesamte Welt. Denn nur Personen, die sich Ihres Wertes bewusst sind, sind bereit, für ihre Ideale zu kämpfen und einzutreten. Seien es Entscheidungen, die auf politischer Ebene getroffen werden, oder Menschen, die Ihnen unrecht tun wollen. Vertrauen Sie sich selbst auch in Situationen, die Sie ängstigen oder verunsichern. Dieser kleine Vorschuss kann die brenzligsten Situationen zu einem für Sie guten Ausgang führen.

Zusatzteil: Affirmationen für jede Situation – Zusammenfassung und Bemerkungen

Sie können die nachfolgenden Affirmationen überall notieren. Sei es auf einer Haftnotiz an Ihrem Arbeitsrechner oder einem eigens gestalteten Zettel, den Sie gut sichtbar in Ihrer Wohnung platzieren. Nehmen Sie sich jeden Tag ein paar

Minuten Zeit, sich eingehend mit Ihren gewählten Affirmationen beschäftigen. Der beste Zeitpunkt dafür ist sowohl morgens als auch abends. So beginnen und beenden Sie jeden Tag mit einem positiven Input.

Gerade an Tagen, an denen Sie Ihre Selbstzweifel sehr gequält haben, kann ein positiver Gedanke eine gute Grundlage für das Beginnen eines neuen Tages sein. Im Übrigen müssen Sie auch nicht jede der aufgelisteten Affirmationen für sich verwenden. Wissenschaftler der Universität Waterloo und New Brunswick haben nämlich herausgefunden, das übertrieben positiv formulierte Affirmationen Menschen mit ganz geringem Selbstwertgefühl auch schaden können.

Da verkommen die gut gemeinten Sätze eher zu Dämpfern, dass das Gefühl des Betreffenden nicht mit seinen Worten übereinstimmt. Stattdessen raten sie zu „moderat" positiv formulierten Sätzen, die eher einen kleineren Bereich betreffen. Also anstatt „Ich bin eine unglaublich großzügige Person" eher zu sagen „Ich bin davon überzeugt, anderen großartige Geschenke zu machen." So können Sie Ihre Affirmationen so klein und groß gestalten, dass es zu Ihrer momentanen Situation und Einstellung passt.

AFFIRMATIONEN FÜR SELBSTVERTRAUEN

– Ich bin wertvoll. / Ich glaube jeden Tag mehr daran wertvoll zu sein.

– Ich verdiene es, gehört zu werden.

– Meine Bedürfnisse dürfen einen hohen Stellenwert in meinem Leben haben.

– Ich bin eine liebenswerte Person.

– Ich schätze mich selbst.

– Ich verdiene es, geliebt zu sein, auch wenn ich mit Problemen kämpfe.

– Meine wahrgenommenen Schwächen entwerten meine Persönlichkeit nicht.

– Ich darf mir selbst keine Steine in den Weg legen.

– Meine innere Balance ist meine Priorität.

– Ich verdiene es, gut behandelt zu werden.

– Ich bin unabhängig von der Meinung anderer Menschen.

– Ich tue ausschließlich das, was ich wirklich möchte.

– Ich habe die Erlaubnis, mir Zeit für mich selbst zu nehmen.

– Erfolg ist unabhängig von Alter und Titeln.

– Ich fühle mich stark, souverän und zuversichtlich.

– Ich steige aus der Asche empor wie ein Phönix.

– Ich mache aus jedem Tag einen schönen Tag.

– Alles, was ich will, kann ich erreichen.

– Ich bin ein freundlicher und sympathischer Mensch.

– Ich habe viele interessante Dinge zu erzählen.

– Ich bin ein aufmerksamer Zuhörer.

– Immer, wenn ich mit anderen Menschen in Kontakt trete, begrüße ich sie mit einem Lächeln.

– Ich bin charismatisch.

– Ich bin fähig, attraktive Persönlichkeiten anzuziehen.

– Ich traue mich, Menschen auf der Straße anzusprechen.

– Ich bin in der Lage, klar zu formulieren, wenn ich Hilfe brauche.

– Ich bin ein schöner Mensch.

– Ich vertraue meinem Bauchgefühl.

AFFIRMATIONEN FÜR BERUF, FINANZIELLES UND ERFOLG

– Geld schadet mir nicht.

– Ich kann Positives mit Geld bewirken.

– Mein Leben ist reich und erfüllt.

– Ich bekomme jede Menge Geld.

– Ich kann den perfekten Berufseinstieg schaffen.

– Immer mehr Menschen erkennen den exzellenten Wert meiner Arbeit.

– Ich bin ein guter Teamleiter.

– Ich bin produktiv.

– Ich bin ein ausgezeichneter Redner.

– Ich habe herausragende Fähigkeiten, die ich kontinuierlich weiterentwickle.

– Ich bin in der Lage, innovative Produktideen zu verwirklichen.

– Menschen sind von meinen Dienstleistungen/Produktideen begeistert.

– Ich übe mich in meiner Verhandlungssicherheit.

– Ich bin kreativ.

AFFIRMATIONEN FÜR GESUNDHEIT, ABNEHMEN UND SPORT

– Ich achte auf meine Gesundheit.

– Ich kenne meinen Körper und nehme die Signale wahr, die er mir sendet.

– Meine Knochen sind hart und stabil.

– Ich bin gesund.

– Ich habe ein langes und glückliches Leben.

– Ich habe endlich aufgehört habe zu rauchen (wenn Sie noch nicht aufgehört haben, verwenden Sie die Formulierung: Ich glaube jeden Tag mehr daran ...)

– Ich schenke meinem Körper jeden Tag ein wenig Zeit, um sich zu regenerieren.

– Ich habe Spaß an Sport.

– Ich glaube jeden Tag mehr daran, eine gute Figur zu haben.

– Ich esse jeden Tag Obst und Gemüse, um meinen Körper mit Vitaminen zu nähren.

– Ich achte jeden Tag darauf, genug Wasser zu trinken.

Herstellung und Verlag:
BoD – Books on Demand, Norderstedt
ISBN: 9783754338919

© Nadine Engelmann 2021

1. Auflage
Kontakt: Psiana eCom UG/ Berumer Str. 44/ 26844 Jemgum
Covergestaltung: Fenna Larsson
Coverfoto: depositphotos.com

FSC
www.fsc.org

MIX

Papier aus ver-
antwortungsvollen
Quellen
Paper from
responsible sources

FSC® C105338